# A Arca de Noé

**Ilka Brunhilde Laurito**

Ilustrações de **Eliana Delarissa**

A Terra estava povoada pelos descendentes de Adão e Eva. Havia abundância de todos os dons de Deus para que os homens vivessem com fartura e harmonia. Mas, em vez de agradecer as bênçãos recebidas, viviam brigando e cometendo uma porção de maldades.

 Muito aborrecido com o mau comportamento dos homens, Deus resolveu castigar todos eles. Todos, menos um. Deus sabia que havia um homem muito bom, cumpridor de seus deveres e muito devoto, que sempre rezava agradecendo todos os bens que recebia. Esse homem se chamava Noé.

Um dia, Noé estava trabalhando na lavoura, quando ouviu a voz de Deus ecoando no silêncio do campo. E a voz lhe dizia:

— Noé, como você é um filho bom e obediente, eu o escolhi. Vou dar um castigo a todos os homens, mas quero poupar você. Por isso, prepare-se. Construa um grande barco para navegar a salvo sobre as águas, pois vou inundar a Terra.

Avisado por Deus de que haveria um dilúvio, Noé, generosamente, logo pensou nos outros homens. E foi avisá-los do perigo que corriam:

– Meus irmãos, eu ouvi a voz de Deus e sei que vai haver um dilúvio que alagará toda a Terra. Comecem a construir, desde já, barcos para navegar sobre as águas.

Mas os homens não acreditaram nas palavras de Noé e puseram-se a rir dele:

— Estamos pouco ligando para essa voz de Deus! Se houver mesmo um dilúvio, vamos ficar em cima dos telhados de nossas casas ou subir até as mais altas montanhas. Prepare-se você, já que está com tanto medo!

De nada adiantou Noé avisar aos homens que as águas cobririam as casas e as montanhas. Eles continuavam a caçoar dele. Vendo isso, Noé resolveu tratar da própria salvação, como Deus o alertara.

Então derrubou árvores, fez delas grossas tábuas, juntou umas com as outras e calafetou-as para que não deixassem passar nem um pingo d'água. E assim, com a ajuda de seus filhos, construiu uma barcaça. Uma grande arca.

Depois que a sua arca ficou pronta, Noé embarcou nela com toda a família. Mas logo pensou:
– E os bichos? Coitadinhos! Eles são inocentes e vão morrer no dilúvio! Eu preciso salvá-los!

Assim pensou e assim fez. Embarcou na arca um casal de cada espécie animal, tanto de bichos domésticos como selvagens.

Imediatamente depois que Noé acabou de embarcar o último casal de animais, começou a chover. E choveu, choveu que não parava mais!

As águas inundavam a Terra, cobrindo as casas, as árvores, as planícies e as montanhas. Era o dilúvio universal que Deus mandava sobre a Terra para castigar os homens desobedientes e maus.

Choveu durante quarenta dias e quarenta noites. Um belo dia, as chuvas pararam. Estava próxima a hora de desembarcar da arca.

Noé, muito sábio e prudente, pensou:
"Primeiro vou ver se tudo está realmente bem e se não há mais perigo. Vou soltar algumas aves para averiguação".

Noé, então, soltou um corvo, que voou e não mais voltou. Mas Noé não ficou satisfeito. E soltou, dessa vez, uma pomba. A pomba voou, voou e, não achando lugar seguro para pousar, voltou para a arca.

Noé esperou sete dias e então soltou outra pomba.
Dessa vez a ave voltou com um ramo de oliveira no bico. Noé exclamou:
– Que alegria! Ela achou uma árvore para pousar!

Muito prudente, Noé esperou mais sete dias e depois libertou o casal de pombos. Como eles não voltaram à arca, Noé viu nisso um sinal de que haviam encontrado um lugar seguro para pousar.

Já era hora de abandonar a arca, que estava ancorada no pico de um monte que Noé batizou de Ararat.

Abrindo as portas de sua barcaça, Noé começou a soltar os animais que salvara do dilúvio.

Somente depois que todos haviam saído, desembarcaram ele e sua família.

Graças à fé e ao respeito à vontade de Deus, todos estavam a salvo para recomeçar uma nova vida sobre a face da Terra.

    Ao descer da arca e pisar em solo firme, a primeira coisa que Noé fez foi ajoelhar-se e rezar com fervor.
    E suas orações fervorosas encheram com o calor da fé aquela terra que agora estava enfeitada pelo verde das folhas e pelo colorido das flores.

Então Noé olhou para o céu e ficou maravilhado! Lá, no azul-celeste, um lindo arco-íris parecia abraçar a Terra. E ele compreendeu que aquela curva multicolorida era o arco da aliança entre Deus e os homens.

© 2009 Ilka Brunhilde Laurito
Ilustrações: Eliana Delarissa

Direitos de publicação:
© 2021 Editora Melhoramentos Ltda.
Todos os direitos reservados.

3.ª edição, abril de 2021
ISBN: 978-65-5539-248-7

Atendimento ao consumidor:
Caixa Postal 729 – CEP 01031-970
São Paulo – SP – Brasil
Tel.: (11) 3874-0880
sac@melhoramentos.com.br
www.editoramelhoramentos.com.br

Impresso no Brasil

DADOS INTERNACIONAIS DE CATALOGAÇÃO NA PUBLICAÇÃO (CIP)
(CÂMARA BRASILEIRA DO LIVRO, SP, BRASIL)

Laurito, Ilka Brunhilde
    A arca de Noé / Ilka Brunhilde Laurito; ilustrações Eliana Delarissa. – 3. ed. – São Paulo: Editora Melhoramentos, 2021. – (Histórias da bíblia)

    ISBN 978-65-5539-248-7

    1. Arca de Noé – Literatura infantojuvenil  2. Histórias bíblicas – Literatura infantojuvenil  3. Literatura infantojuvenil  I. Delarissa, Eliana.  II. Título.  III. Série.

20-52631                                                            CDD-028.5

ÍNDICES PARA CATÁLOGO SISTEMÁTICO:
1. Arca de Noé: Literatura infantil 028.5
2. Arca de Noé: Literatura infantojuvenil 028.5

Cibele Maria Dias – Bibliotecária – CRB-8/9427